Oops & O[...]

At the supermarket
Au supermarché

Une histoire de Mellow
illustrée par Amélie Graux

talents hauts

I put the coin in.

C'est moi qui pousse le caddie.

OK. Here are some green beans.

Moi j'ai trouvé des légumes rouges : des tomates !

Papa, on prend
des frites, s'il te plaît ?

Spaghetti!
Our favourite pasta!

C'est trop haut, je ne peux pas attraper le paquet.

The fire engine is great.

Regarde les ballons de toutes les couleurs.

Ah !
Vous êtes là !
Je vous cherche
partout !

Pauvre Papa,
tu étais perdu.

Here we are!

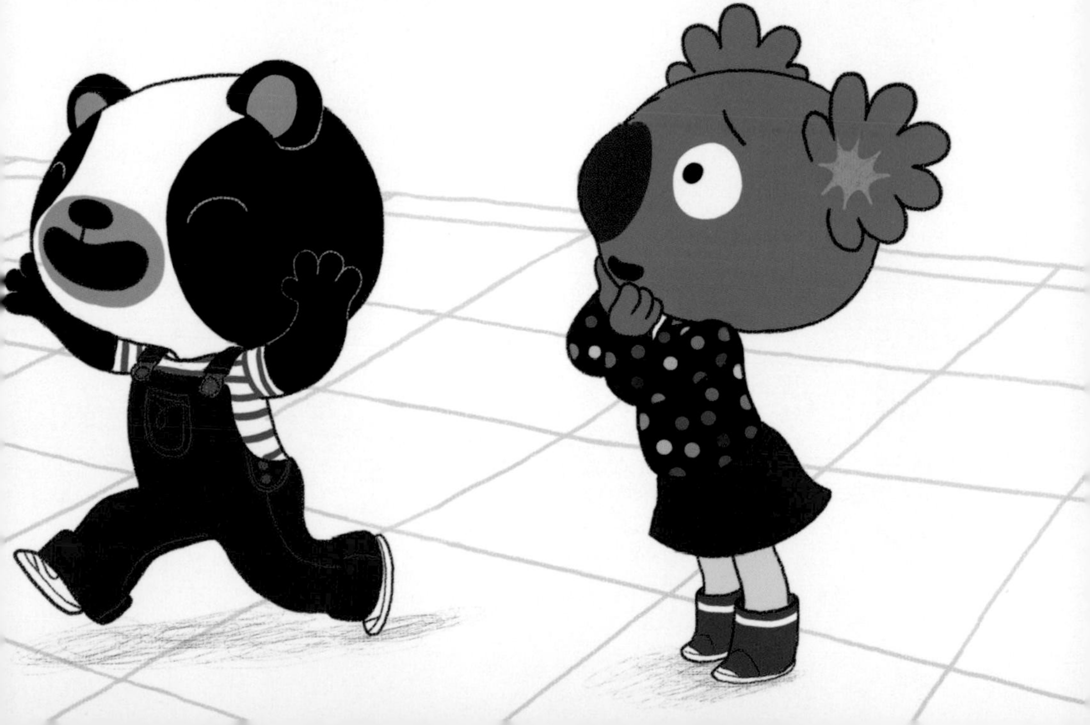

Which candies do you prefer?

J'hésite :
des bonbons à la fraise
ou des sucettes ?

On n'arrivait pas
à choisir…

La version audio de ce livre
est téléchargeable gratuitement sur
www.talentshauts.fr

Conception graphique :

Conception et réalisation sonore : Éditions Benjamins Media - Ludovic Rocca.
Oops : Samuel Thiery, Ohlala : Jasmine Dziadon.

© Talents Hauts, 2010
ISBN : 978-2-916238-93-7
Loi n° 49-956 du 16 juillet 1949 sur les publications destinées à la jeunesse
Dépôt légal : septembre 2010
Achevé d'imprimer en Italie par Ercom